VILLE DE NEUFCHATEAU

ABATTOIR

Règlement de la Ville de Neufchâteau

sur le Service de l'Abattoir
et de l'Inspection Sanitaire des viandes destinées
à la Consommation Publique

Imprimerie Léon BEAUCOLIN. — Neufchâteau
1909

RÉGLEMENT

Le Maire de la Ville de Neufchâteau, Chevalier de la Légion d'Honneur, Officier d'Académie,

Vu l'article 63 de la loi du 21 Juin 1898,
Vu les articles 99, 100, 101, du décret du 6 octobre 1904,
Vu les articles 91, 94, 97 de la loi du 5 Avril 1884,
Vu la loi du 8 Janvier 1905,
Vu l'arrêté préfectoral du 6 octobre 1908, réglementant l'inspection sanitaire des tueries particulières et des viandes destinées à la consommation publique,
Vu la délibération du Conseil Municipal en date du 21 Décembre 1908, qui fixe la quotité de la taxe à percevoir pour couvrir les frais de cette surveillance.

ARRÊTE :

Article 1er. — Le service de l'abattoir et de l'inspection des viandes a pour mission ;

1° — De veiller à l'entretien des bâtiments et du matériel de l'abattoir ;

2° — De faire exécuter les mesures d'hygiène ;

3° — De maintenir le bon ordre et la sécurité du travail à l'abattoir ;

4° — D'assurer la visite sanitaire des animaux exposés sur le champ de foire ;

5° — D'assurer la visite et la marque de toutes les viandes à l'intérieur de l'abattoir ;

6° — La visite des chevaux destinés à la consommation, avant et après l'abatage ;

7° — La visite de toutes les viandes introduites en Ville pour y être vendues en vue de la consommation ;

8° — La visite des étaux, boutiques, dépots, entrepôts des bouchers, charcutiers, tripiers et autres industriels établis en Ville qui vendent des viandes de boucherie et charcuterie ;

9° — La visite des viandes de toutes natures et des denrées alimentaires diverses, exposées en vente sur le marché de la Ville et dans les boutiques et magasins ;

10° — Le pesage des viandes abattues ;

11₀. — Tenir la comptabilité nécessaire pour permettre la perception des droits d'octroi, d'abatage et du droit de stationnement dans les écuries de l'abattoir.

Article 2. — Le personnel de ce service comprend :

1° — Un vétérinaire municipal chargé de toutes les visites citées plus haut ;

2° — Un préposé logé à l'abattoir, placé sous la surveillance du préposé en chef de l'octroi et responsable de la police de l'abattoir ; il est chargé en outre du pesage des viandes abattues, de la tenue des écritures permettant la perception des droits d'octroi, d'abattage et de stationnement dans les écuries ; il établit, à la fin de chaque semaine un bordereau indiquant la somme due par chaque boucher, tripier ou particulier, pour les droits d'octroi, et à la fin de chaque mois pour les droits d'abatage et de stationnement.

Chaque mois, il remet au maire un état indiquant le nombre des animaux abattus et les différentes saisies opérées par le vétérinaire municipal. Ces bordereaux et états sont visés par le préposé en chef de l'octroi.

Il veille à l'entretien du matériel et signale au Maire les réparations des objets mis à la disposition des bouchers ou tripiers ?

Il est chargé en outre du nettoyage des écuries et des rues adjacentes.

Il suit le vétérinaire municipal, pendant les différentes visites, marque les viandes reconnues saines et s'assure que les parties de l'animal reconnues malsaines sont transportées immédiatement dans le local affecté à cet usage. Il se tient à la disposition de MM. les bouchers, charcutiers et marchands de bestiaux pendant les heures d'ouvertures indiquées à l'art. 4 du présent règlement pour peser les animaux abattus.

Le vétérinaire municipal et le préposé sont assermentés.

Police de l'Abattoir

Article 3. — Il est défendu d'abattre et d'habiller aucune espèce de bétail, bœuf, vache, taureau, mouton, agneau, chèvre, porc et porcelet) dans la Ville de Neufchâteau, ailleurs qu'à l'abattoir.

Dans le cas où, par suite d'un accident ou d'un danger de mort, l'abatage serait urgent, il pourra être pratiqué sur place, sur l'autorisation écrite du Maire et avis en sera adressé immédiatement au vétérinaire municipal.

L'utilisation de ces viandes ne pourra être autorisée qu'après examen complet de l'animal et de tous les viscères, et estampillage par le vétérinaire municipal. Ces animaux devront être pourvus des organes thoraciques jusqu'à la visite sanitaire, les organes abdominaux intacts à côté des animaux.

Article 4. — L'abattoir sera ouvert chaque jour, aux heures

ci-après :

Pendant les mois de Janvier, Février, Mars, Octobre, Novembre et Décembre, depuis 6 heures du matin jusqu'à 7 heures du soir.

(Il sera fermé de midi à 1 heure.)

Pendant les mois d'avril, Mai, Juin, Juillet, Août et Septembre de 5 heures du matin à 7 heures du soir.

(Il sera fermé de midi à 2 heures).

Le vendredi, l'abattoir sera fermé une heure plus tard.

Le Dimanche, l'abattoir sera fermé toute la journée, du 15 septembre au 15 Mai. Du 15 Mai au 15 septembre, il sera ouvert de 5 heures à 7 heures du matin pour permettre l'enlèvement des viandes restées le samedi soir.

En aucun cas, l'abatage ne devra se faire pendant l'heure qui précède la fermeture.

Article 5. — Toute personne qui entre du bétail à l'abattoir ou dans les écuries devra en faire la déclaration au préposé, et remettre le passe-debout délivré au bureau d'octroi d'entrée.

Article 6. — L'Abattoir est absolument interdit à toute personne autre que celles qui y sont appelées pour leur commerce ou leur travail.

Article 7. — L'entrée de l'abattoir est interdite à toute personne en état d'ivresse ou dans une tenue malpropre ou indécente. Toute personne qui s'y trouverait dans cet état devra être immédiatement expulsée par le préposé.

Article 8. — Les ouvriers et apprentis, bouchers, charcutiers et tripiers, devront être munis d'un permis de travailler délivré par le Commissaire de police, sur le vu de leur livret et après avis du Maire.

Article 9. — Toute personne qui voudra se livrer à l'abatage des bestiaux ou à leur préparation, pour le compte des bouchers, charcutiers ou particuliers, devra en faire la demande au Maire. Le permissionnaire recevra une carte numérotée qu'il devra produire à toute réquisition.

Article 10 — Les tueurs agréés par le Maire sont tenus de prêter leur concours au vétérinaire municipal toutes les fois que les besoins du service l'exigeront pour l'examen ou le découpage des viandes suspectes. L'autorisation de travail pourra leur être retirée pour inobservation du règlement ou refus d'obéir aux injonctions du personnel en ce qui concerne le service.

Article 11. — Il est enjoint aux bouchers, charcutiers, tripiers, de prendre toutes les précautions nécessaires pour ne laisser couler aucune matière animale avec les eaux de lavage, ils doivent faciliter l'écoulement de ces eaux jusqu'aux égouts.

Article 12. — Il est défendu d'y introduire des chiens autres que ceux des conducteurs de bestiaux. Ces chiens doivent être tenus en laisse et être attachés aussitôt qu'ils seront entrés à l'abattoir. Exception est faite pour les chiens ratiers attachés à l'abattoir.

Article 13. — Il est défendu à toutes personnes de fumer dans les greniers et écuries, et d'y circuler la nuit avec des lumières non renfermées dans des lanternes.

Article 14. — Tous les dépôts de débris et de matières animales qui se putréfient facilement sont interdits dans l'abattoir, ainsi que dans la porcherie et la triperie.

Article 15. — Il est défendu :

De laver ou nettoyer les issues des bestiaux ailleurs que dans la triperie ;

De jeter des débris dans les regards des canaux ;

De dégrader aucun objet de l'abattoir, d'écrire, tracer ou crayonner quoi que ce soit sur les murs, portes, etc., de planter des couteaux dans les portes ou boiseries quelconques ;

De laisser ouvert, sans nécessité, aucun robinet d'eau ou de gaz ;

Les maitres sont responsables des dégâts faits par leurs employés.

Article 16. — Toutes paroles, chants ou actes contraires à la décence, ou aux mœurs, de même que tous les actes de cruauté inutiles envers les animaux pourront, en outre des peines de la loi, être punis de l'interdiction temporaire ou définitive de l'entrée à l'abattoir.

Les voies de fait, outrages, injures, menaces, par paroles ou par gestes envers le personnel chargé de la surveillance seront l'objet de poursuites devant les Tribunaux.

Article 17. — Tous les animaux conduits à l'abattoir doivent être entravés. Les taureaux, les bœufs ou vaches dangereux ou méchants devront en outre être pourvus d'un masque.

Les bouchers ou propriétaires qui ne prendront pas toutes les précautions nécessaires pour conduire leurs animaux seront responsables des accidents qui peuvent survenir. Les animaux ne seront introduits à l'abattoir qu'au moment de l'abatage ; ceux ne pouvant être abattus sitôt leur arrivée seront remisés dans les écuries où ils seront pris au fur et à mesure de l'abatage.

Article 18. — L'emploi du masque Bruneau pour l'abatage des grands animaux est obligatoire à l'abattoir.

Article 19. — Le gros bétail, les porcs et les chevaux, doivent être assommés avant d'être saignés.

Exception est faite pour les animaux sacrifiés selon le rite israëlite. Les veaux et les moutons devront être sacrifiés aussitôt après qu'ils auront été suspendus ou entravés pour l'abatage, afin d'éviter des souffrances inutiles. Les veaux devront avoir les deux carotides ouvertes. — Seul le soufflage des veaux est autorisé.

Article 20. — Aussitôt la saignée terminée, les dalles seront lavées, avant de commencer l'habillage.

Article 21. — Aussitôt l'habillage terminé, les cuirs devront être transportés dans la case réservée à cet effet et où ils ne devront séjourner plus de 48 heures. Dans les cas de suspicion de maladie, le cuir et la tête devront rester adhérents jusqu'à la visite.

Article 22. — Après chaque abatage, les tueurs feront immédiatement laver et gratter, s'il est nécessaire, les dalles, les murs, et les portes de manière qu'il ne reste aucune trace de sang.

Article 23. — Chacun des usagers de l'abattoir est tenu d'apporter, dans l'emploi qu'il fait des appareils, tous les soins d'un bon père de famille, et reste responsable de toutes les détériorations mobilières ou immobilières qui proviendraient de son fait ou de sa négligence.

Article 24. — L'entretien des outils ou instruments de travail, tels que treuils, cordages, trétaux, brouettes, etc... est à la charge de la Ville, ainsi que l'entretien et la réparation des immeubles.

Article 25. — Toute personne qui aura brisé ou dégradé un objet quelconque, à l'abattoir devra le faire réparer à ses frais. Si l'acte a été fait malicieusement, contravention sera dressée contre l'auteur.

Article 26. — Il est interdit au bouchers ou tripiers de souffler autrement qu'avec le soufflet, les poumons des animaux.

TITRE II.

Article 27. — La salubrité des viandes destinées à être vendues pour la consommation, sur le territoire de la Ville est constatée par l'apposition de l'estampille d'inspection portant la mention : « Inspection sanitaire, Neufchâteau » et la date du jour de la visite suivie d'une vignette. Cette estampille sera apposée au moyen du timbre à rouleau de la manière suivante :

1º — Pour les viandes de bœuf, taureau, vache, cheval, sur chaque demi-bête : une bande inscrite au rouleau et partant de la jambe, côté interne, suivant la face interne de la cuisse, puis passant au flanchet, à l'extrémité inférieure des côtes et aboutissant à la tête par les muscles de l'encolure, une seconde bande partant de la jambe, côté externe, suivant la cuisse, côté externe, les lombes, le dos ; puis déviant sur la face externe de l'épaule et longeant cette face pour arriver au genou, en suivant le membre antérieur. Les poumons et le foie seront estampillés aussi.

2° — Pour les viandes de veau, porc et mouton, sur chaque demi-bête : un ruban d'estampille partant du jarret, côté externe suivant la face externe du membre, longeant toute la face latérale du corps, coupant l'épaule au-dessous de la naissance du bras et parcourant toute l'encolure. Les poumons et le foie seront également estampillés.

3° — Pour les viandes foraines, un ruban d'estampille sur chacune des régions correspondant à celles mentionnées ci-dessus, suivant les morceaux ; en outre du cachet dont il est parlé ci-après.

En plus du timbre à rouleau, les viandes de taureau et les viandes foraines porteront une estampille spéciale, indiquant leur nature : viande de taureau, viande de cheval, viandes foraines. Ces estampilles seront posées de la manière suivante :

(a) pour le taureau et le cheval sur les morceaux ci-après désignés : muscles de l'encolure, épaules, dos, lombes, côtes, cuisses côté interne, cuisses, côté externe ;

(b) pour les viandes foraines des grands animaux, sur les mêmes régions que celles indiquées au § précédent ;

(c) pour les viandes foraines de veau, porc et mouton, sur les pièces suivantes : cuisses et gigots, côtes, poitrine et épaules.

Aucune pièce ci-dessus indiquée ne pourra être mise en vente séparément si elle n'est estampillée.

Article 28. — L'inspection se fera deux fois par jour : la première de 10 heures 1|2 à midi et la seconde de 5 heures à 6 heures du soir. — Le vendredi, l'inspection du soir sera retardée d'une heure, c'est à-dire qu'elle aura lieu de 6 h. à 7 heures.

Article 29. — Aucun organe ou partie d'organe, les viscères, les poumons en particulier, ne devront être enlevés avant que constation n'ait été faite de leur état par le vétérinaire municipal et que la viande d'où proviennent ces abats ait été elle-même marquée et estampillée.

Les animaux ne pourront être présentés au pesage que s'ils ont été préalablement visités et estampillés.

Les viandes estampillées ne pourront séjourner plus de 24 h. à l'abattoir.

Article 30. — Toute viande reconnue impropre à la consommation sera saisie et transportée au clos d'équarrissage où elle sera soumise à l'autoclave sous la surveillance d'un agent de police. Les viandes provenant d'animaux atteints d'une des maladies contagieuses prévues par la loi seront dénaturées et enfouies.

Les frais d'abatage, d'enlèvement, de transport et de surveillance sont à la charge du propriétaire. (6 fr. tripier ; 2 fr. agent de police ; 10 fr. équarrisseur).

Article 31. — Chaque saisie sera contresignée sur un registre spécial et un certificat de saisie sera délivré aux ayants-droit qui en feront la demande, pour leur permettre d'obtenir le remboursement du prix de la bête et d'exercer tous recours contre le vendeur.

Article 32. — Sont considérées comme impropres à la consommation et comme telles doivent être saisies les viandes présentant les altérations ci-après : savoir :

SAISIE-TOTALE. — Dans les cas de peste bovine, morve et farcin, charbon bactéridien, charbon symptômatique, rouget du porc, infection purulente, gangrène, septicémie, tuberculose (dans les cas prévus par la loi).

Maladies générales, contagieuses ou non, maladies inflammatoires accompagnées de fièvre (viandes ayant mal saigné, viandes fièvreuses, fièvre de fatigue).

Maladies ou affections chroniques, rendant la viande insalubre telles que : ictère généralisé, tumeurs généralisées ; Javart et clou de rue anciens avec suppuration et fièvre, cachexie, hydrohémie, etc..., etc...

Altérations profondes et étendues, naturelles ou accidentelles du tissu musculaire (dégénérescence, ramollissements, psorospermose, etc...)

Animaux empoisonnés ou médicamentés dont la viande serait altérée par la médication ;

Trichinose, ladrerie, tétanos, carcinose, mélanose généralisée.

Maigreur très accusée (Etisie) viandes gélatineuses, animaux morts-nés et trop jeunes.

Mort, qu'elle qu'en soit la cause, non suivie de saignée.

SAISIE PARTIELLE, dans les cas de lésions aiguës, chroniques ou parasitaires d'un tissu quelconque.

Traumatismes, viandes avariées et corrompues.

Article 33. — En cas de contestation entre le vétérinaire inspecteur et le boucher ou charcutier, le vétérinaire départemental ou un vétérinaire inspecteur d'abattoir public sera appelé en qualité d'arbitre pour statuer en dernier ressort, si l'intéressé y consent. Dans le cas contraire, un expert nommé par décision judiciaire, tranchera le différend. Les frais de l'arbitrage seront à la charge de la partie qui succombera.

S'il y a retard à l'expertise, des échantillons prélevés sur les viscères et les viandes de l'animal saisi seront placés dans trois flacons remplis d'un liquide spécial pour les soumettre à un examen ultérieur. Le prélèvement devra se faire en présence du propriétaire ou de son représentant, et les flacons seront scellés immédiatement, leurs couvercles porteront la signature de l'inspecteur et de l'intéressé.

Qu'il y ait ou non saisie de viande, la constation sur un animal vivant ou abattu d'une des maladies contagieuses énumérées dans la loi doit faire l'objet d'une déclaration immédiate à la mairie avec la désignation du nom du propriétaire et l'indication du lieu de provenance de l'animal. Il sera statué conformément aux prescriptions de l'article 31 de la loi du 21 juin 1908 et des articles 1ᵉʳ et 101 du décret du 6 octobre 1904.

TITRE III.
Inspection des Viandes de Cheval

Article 34 — Toute personne qui voudra se livrer au commerce des viandes de cheval, d'âne et de mulet ne pourra se livrer au commerce d'autres viandes, dans la même boutique.

Article 35. — Tout étal régulièrement autorisé, où se débite de la viande de cheval doit être pourvu d'une enseigne où sa spécialité soit très visiblement indiquée dans les termes suivants : « Boucherie chevaline, viandes et saucissons de cheval, âne et mulet ».

Toutes les règles et mesures d'hygiène concernant la bonne tenue, la propreté et la visite des étaux, s'appliquent aux boucheries chevalines.

Article 36. — Tout cheval, âne ou mulet destiné à la consommation ne peut être abattu que dans l'abattoir, après avoir été visité sur pied, par le vétérinaire municipal.

Article 37. — Dans le cas où une maladie contagieuse aura été constatée au moment de la visite sur pied ou après l'abatage, il sera procédé conformément aux prescriptions de la loi du 21 juin 1898.

Article 38. — L'introduction des viandes mortes de cheval, âne ou mulet est interdite à Neufchâteau. Ne pourront être livrées à la consommation que les viandes provenant d'animaux sacrifiés à l'abattoir.

Article 39. — Les viandes et les préparations de cheval, doivent être vendues comme telles. Les restaurateurs, charcutiers, et marchands de comestibles qui vendent de la viande de cheval cuite sans en indiquer l'origine, ceux qui l'introduiront frauduleusement dans leurs préparations seront poursuivis conformément aux lois.

TITRE IV.
Inspection des Viandes Foraines

Article 40. — Les viandes provenant d'animaux sacrifiés en dehors du territoire de la Ville (viandes foraines) ne pourront être introduites dans la dite Ville en vue de leur vente, que si, elles sont accompagnées d'un certificat d'origine et de salubrité, délivré par un vétérinaire qui aura assisté à l'abatage de l'animal. Elles devront, en outre, être marquées d'une estampille dont le timbre sera reproduit sur le certificat d'origine et de salubrité.

Article 41. — Seront dispensés de la production du certificat d'origine et de salubrité:

1° Les abats et issues.

2° — Les viandes foraines, même dépecées, provenant d'animaux sacrifiés dans un abattoir public ou dans une tuerie particulière régulièrement inspectée, si chaque morceau porte l'estampille du service d'inspection de l'abattoir ou de la tuerie.

3° — Les viandes présentées au moins par quartiers, le poumon adhérent au quartier de devant, les rognons au quartier de derrière, la plèvre et le péritoine gardés intacts.

Article 42. — Aucune viande foraine et abats comestibles ne pourront être mis en vente dans la Ville sans avoir été visités et estampillés par le service d'inspection des viandes.

Les hôteliers, restaurateurs, maîtres de pension, pâtissiers et autres qui introduisent ou font introduire en Ville de la viande pour être consommée dans leurs établissements sont soumis aux mêmes formalités, droits et dispositions que les bouchers et charcutiers.

Article 44. — Les viandes foraines destinées aux particuliers, pour leur consommation personnelle sont exemptes de tout contrôle. Quand ces viandes seront entrées par un tiers, ce dernier sera tenu de déclarer le nom, et la demeure du destinataire aux employés de l'octroi, en même temps qu'il en acquittera les droits.

Article 45. — Procès-verbal sera dressé contre toute personne qui aura servi d'intermédiaire entre l'introducteur et le boucher charcutier, hôtelier, pâtissier, dans le but de soustraire la viande introduite et destinée à la vente, à l'examen du service d'inspection.

Article 46. — Les viandes foraines destinées à la vente devront, aussitôt leur entrée en Ville, être conduites à l'abattoir pour être visitées. L'introducteur recevra au bureau d'octroi d'entrée :
1°. — Une quittance des droits d'octroi indiquant le poids, l'espèce, la nature, le nombre de morceaux. 2° — Une quittance du droit de visite ; ces deux pièces seront remises au préposé de l'abattoir en même temps que la viande. Ces viandes seront visitées à la première visite du vétérinaire municipal qui suivra leur arrivée. Le vétérinaire municipal pourra faire couper les quartiers et pratiquer toutes sections qui lui seront nécessaires pour vérifier la salubrité de la viande.

Article 47. — Chaque semaine, le service de l'octroi adressera au préposé de l'abattoir l'état indiquant le nom. la nature l'espèce, le poids des viandes foraines entrées en Ville afin que ce dernier puisse vérifier si toutes ces viandes ont bien été apportées à l'abattoir.

TITRE V.

Inspection des Étaux, dépôts et Entrepôts des bouchers, charcutiers, tripiers et autres marchands établis en Ville, faisant commerce de viandes fraîches, salées ou conservées.

Article 48. — Nul ne pourra faire le commerce des viandes de boucherie, charcuterie ou établir aucun étal, boutique, dépôt, ou entrepôt de viande, sans en avoir préalablement fait la déclaration au Maire qui fera visiter les locaux, par les agents du service d'inspection.

A chaque changement de propriétaire, cette déclaration devra se faire.

Ces établissements pourront toujours être fermés pour défaut d'hygiène.

Article 49. — Le vétérinaire inspecteur sera tenu de visiter les boucheries, charcuteries, triperies et autres lieux de dépôt de viande, au moins trois fois par mois, ou quand il en recevra l'ordre.

Il consignera le résultat de ses visites sur le registre de l'abattoir.

Article 50. — En l'absence du vétérinaire inspecteur, en cas de nécessité absolue, et après l'autorisation écrite du Maire, il pourra être procédé à la visite des animaux et des viandes par le préposé surveillant de l'abattoir.

Article 51. — Les bouchers, charcutiers, et marchands de comestibles ne pourront, sous aucun prétexte, refuser, du lever au coucher du soleil, l'entrée de leur établissement aux agents chargés de la surveillance. Ils ne devront soustraire à cette inspection aucune des viandes qu'ils détiennent.

Article 52. — Toutes les viandes corrompues, avariées ou douteuses seront apportées à l'abattoir par les soins des détenteurs, sur la réquisition du service d'inspection, afin d'être soumises à un examen plus minutieux.

TITRE VI.

Tarif des Droits à percevoir

Article 53. — La taxe d'abatage et de pesage pour toutes viandes abattues à l'abattoir est de 0 fr. 02 le kilog.

Article 54. — La taxe du droit de visite pour les viandes foraines est de 0 fr. 01 le kilog.

Article 55. — Les animaux arrivant trop tard pour être abattus et qui passeront la nuit à l'abattoir pourront être logés dans les écuries moyennant une redevance par tête de :

Bœufs, vaches, taureaux, génisses . . . . . . 0 fr. 30

Veaux, porcs. . . . . 0 fr. 15

Moutons. . . . . 0 fr. 10

Cette taxe ne sera exigible que lorsque le séjour des animaux dépassera douze heures.

Article 56. — Nul ne pourra exiger de place lorsque les écuries seront occupées.

Article 57. — Dans aucun cas, la ville ne sera responsable des animaux introduits dans les écuries. Les animaux y séjourneront aux risques et périls des propriétaires.

Article 58. — Les écuries ne pourront servir de remise, tout animal qui y entrera devra être abattu dans les 24 heures ; il ne pourra en être autrement qu'avec l'autorisation du Maire ou sur la demande du vétérinaire.

TITRE VII

Enlèvement et Transport

Article 59. — Toute personne voulant sortir des viandes de l'abattoir, devra en faire la déclaration au bureau du préposé. Les voitures, charrettes, brouettes, etc.., servant au transport des viandes, devront être tenues en parfait état de propreté.

De l'abattoir aux boutiques des bouchers, charcutiers, les viandes seront couvertes entièrement de linges propres et secs et toutes les précautions seront prises pour qu'aucune partie ne traine sur le pavé et n'y laisse des traces de sang.

TITRE VIII.

Abatage des Porcs

Article 60. — Une partie de l'abattoir est spécialement affectée à l'abatage, à l'échaudage, et à l'habillage des porcs. Ce travail sera fait par un adjudicataire d'après les conditions imposées par la Ville (voir traité d'adjudication).

Il sera perçu un droit d'abatage de 0 fr. 02 par kilog. de viande nette ; cette taxe est indépendante du droit d'octroi.

Les droits ci-dessus sont indépendants des droits dûs à l'adjudicataire pour l'abatage, l'échaudage et l'habillage.

Triperie

Article 61. — Les tripes et issues provenant des animaux abattus devront être vidées et lavées dans la partie de l'abatoir créée à cet effet. Les tripiers auront la faculté de conduire ces tripes et issues dans leur domicile pour les y faire cuire, mais le plus gros nettoyage devra être fait à l'abattoir.

TITRE IX.

Réglement d'Abatage

Article 62. — Tous les animaux vivants entrant à l'abattoir seront abattus conformément aux règles ci-après :

Avant l'abatage, l'acheteur devra déclarer au préposé de l'abattoir si l'animal a été vendu viande nette.

Lorsqu'un animal sera vendu à forfait ou au poids brut sur pied, le préposé de l'abatoir n'aura pas à intervenir dans le réglement de compte entre l'acheteur et le vendeur.

Lors du dépècement, le cuir devra être détaché sans viande ni graisse adhérente, à l'exception d'une légère partie des babines ; la tête sera coupée en ligne droite entre l'occipital et l'atlas ; les pieds seront coupés au second joint, au bas des genoux et des jarrets, et non dans les faux joints.

Le rectum ou boyau gras sera enlevé de manière à ne pas toucher à la graisse du bassin postérieur dite graisse des rognons. Le faux filet ou pilier du diaphragme sera coupé au ras des rognons, mais sans toucher aux rognons ni à leur graisse. La queue devra être détachée entre la seconde et la troisième vertèbre. Les jarrets resteront intacts sans enlever ni nerfs ni viande. Les paquets du bœuf resteront également intacts. Les croquants de la poitrine seront maintenus et l'on ne coupera pas des bandes de flancs, de la poitrine aux paquets.

La poitrine ne sera dégraissée sous aucun prétexte, les parements resteront entiers ; les ailettes ou parties charnues du diaphragme seront laissées après les quartiers. Les épaules seront levées, aucune graisse n'en sera retirée ; les saignées seront enlevées au blanc. Les plèvres ou peaux internes de la poitrine, la moëlle épinière et le nerf seront enlevés.

Les vaches seront abattues de la même manière que ci-dessus, avec cette différence que l'enlèvement des tétines se fera en laissant la fève sur le quartier de derrière. La tétine sera enlevée sans graisse ni avant-pis.

Les veaux seront abattus comme il a été dit pour les bœufs.

Pour les moutons, on pourra enlever les ailettes, couper la queue par le milieu, et pour la propreté, enlever une légère bande allant de la poitrine aux paquets, mais sans toucher à la viande.

Article 63. — Toute bête abattue sera pesée dans les 15 heures qui suivront l'abatage et il sera accordé aux bouchers une bonification de 2 kilog. pour le gros bétail, de 1 kilog. par veau et de 500 grammes par mouton.

Les issues reconnues invendables seront remplacées ou payées par le vendeur lorsqu'elles proviendront d'animaux vendus au poids net.

Si après le dépècement d'un animal, et avant sa sortie de l'abattoir, l'acheteur prévoit qu'il y a de la viande abîmée, il devra en faire la déclaration au préposé de l'abattoir pour avoir le droit de se faire rembourser, par le vendeur de la perte à subir.

Article 64. — Lorsqu'un animal aura été vendu au poids mort, le préposé de l'abattoir devra s'assurer, avant le pesage que le dépècement a été fait conformément aux prescriptions du présent règlement.

Article 65. — En cas d'infraction, il devra aussitôt, en avertir le Maire.

Article 66. — Les infractions aux dispositions du présent arrêté seront poursuivies conformément à la loi.

Article 67. — MM. le Vétérinaire municipal, le Préposé en chef de l'octroi, le Préposé de l'abattoir, et le Commissaire de police sont chargés, chacun en ce qui les concerne, de l'exécution du présent arrêté qui sera publié et affiché.

Neufchâteau, le 15 Février 1909.

Le Maire,
Henri MALJEAN

Vu et délivré récépissé.
Neufchâteau, le 15 mai 1909.

Le Sous-Préfet,
DIETZE

www.ingramcontent.com/pod-product-compliance
Lightning Source LLC
Chambersburg PA
CBHW060456050426
42451CB00014B/3353